LES POUVOIRS EXTRAORDINAIRES DE *l'énergie*

Illustrations : Célia Melesville.
Maquette et mise en pages :
Bénédicte Souffrant – PCA-CMB.

ISBN : 978-2-849-339-145

Imprimé en Chine.

www.editions-tredaniel.com
info@guytredaniel.fr
www.facebook.com/tredanieleso
@tredaniel_eso

Charlotte Daynes
Illustré par Célia Melesville

LES POUVOIRS EXTRAORDINAIRES DE *l'énergie*

ORACLE

Éditions **CONTRE-DIRES**
19, rue Saint-Séverin
75005 Paris

Sommaire

LES CARTES DES DIFFÉRENTS THÈMES ÉNERGÉTIQUES

LES CARTES D'AIDE

Introduction

L'oracle *Les Pouvoirs extraordinaires de l'énergie* est un coffret constitué de cinquante-trois cartes. Il permet d'avoir une vision de ce qui est en équilibre/déséquilibre énergétique chez une personne.

C'est un outil de développement personnel, spirituel et énergétique. Il peut être utilisé lors de soins ou d'accompagnements énergétiques (ou autres thérapies alternatives). Mais il peut aussi t'aider à comprendre où tu en es énergétiquement.

Dans les cinquante-trois cartes qui constituent le paquet, il y en a quarante-trois qui portent sur les différents thèmes de l'énergétique et dix d'aide pour soutenir un travail énergétique autrement.

Pour chaque carte, un thème énergétique est abordé dans son ensemble. Tu trouveras dans un premier temps une définition et des explications génériques en lien avec le thème. Suivront des exemples d'équilibre et de déséquilibre. En bonus, pour chaque thème/carte, tu trouveras une proposition de soins recommandés selon les déséquilibres vécus.

Les équilibres/déséquilibres énoncés dans ce livre pourront correspondre en tout ou partie selon les personnes et les situations dans lesquelles elles se trouvent. Ils ne sont que des exemples de ce qui peut être expérimenté dans son corps, son cœur, son esprit ou son quotidien.

Les soins recommandés sont des exemples de soins que je réaliserais personnellement face à un déséquilibre en lien avec une carte. Dans cet oracle, il ne sera pas expliqué comment faire ce soin. D'une part parce que cela serait trop long à détailler. D'autre part parce que je pense qu'il est bien de laisser place à ton instinct, ton intuition et tes ressentis en termes de soins.

Retrouve tous les protocoles de soins énergétiques en détail dans mon livre *Les Pouvoirs extraordinaires de l'énergie*.

Comment utiliser l'oracle ?

À sa réception (voire à chaque utilisation), l'oracle pourra être purifié et énergisé selon tes pratiques, tes croyances et tes rituels.

Pour cela, tu peux par exemple le purifier :

- avec de l'encens, de la sauge ou un bâton de fumigation maison ;
- en utilisant tes capacités énergétiques pour le nettoyer et le baigner de lumière ;
- en lui faisant prendre un bain de lune ou de soleil ;
- en l'entourant de tes cristaux préférés pour le recharger.

Pour bien tirer les cartes, le plus important c'est l'ancrage et le calme intérieur. L'ancrage et la respiration permettent d'accéder au calme intérieur et à la paix de l'esprit.

Plus tu es détaché·e lors du tirage, plus simple sera l'interprétation des cartes. Si tu as une grande implication émotionnelle ou de hautes attentes envers la question posée, cela pourra rendre la lecture ardue, voire fausser le tirage.

Voici donc les étapes d'un tirage réussi :

1. Ancre-toi.
2. Respire profondément pour faire le vide dans tes pensées.
3. Retire du paquet les cartes d'aide (selon le tirage).
4. Pose ta question ou définis le domaine que tu souhaites interroger.

5. Bats les cartes.
6. Coupe et lis la coupe (dernière carte de chaque tas).
7. Étale les cartes devant toi.
8. Choisis une ou plusieurs cartes selon ton tirage.

Les tirages

Célia et moi te proposons cinq tirages spécifiques à cet oracle.

Pour certains d'entre eux, il sera intéressant de séparer les cartes d'aide des autres cartes. Ce sera spécifié à chaque fois.

Lorsque tu tires une carte, il est important de savoir ce qu'elle va représenter.

N'essaie pas de mentaliser la pratique. Choisis simplement la carte qui t'appelle. Ou celle qui te chatouille la paume lorsque tu passes ta main au-dessus. Il n'y a pas de bonne ou de mauvaise pioche. Chaque carte choisie a une sagesse à partager avec toi. À toi de la capter, de l'interpréter et de la conscientiser.

MON CONSEIL : note tes tirages et relis-les quelque temps plus tard.

Tu seras surpris·e de la justesse et de la précision des cartes et de leurs messages.

LE TIRAGE PRIORITAIRE

Mets de côté les cartes d'aide pour ce tirage.

Ce tirage est parfait pour te permettre de comprendre le déséquilibre actuellement vécu et qui a besoin d'être traité en priorité, accompagné de sa solution.

MAISON 1: le thème énergétique à travailler en priorité (hors cartes d'aide)

MAISON 2: l'aide pour soutenir le travail énergétique (parmi les cartes d'aide)

LE TIRAGE DU DÉSÉQUILIBRE

Ce tirage te permettra de faire apparaître rapidement les dysfonctionnements et déséquilibres énergétiques actuels.

Tu peux tirer une ou plusieurs cartes dans chacune des maisons.

Tu peux aussi recouvrir chaque maison avec des cartes d'aide afin de découvrir comment retrouver un équilibre.

MAISON 1: le déséquilibre énergétique en suractivité dans le corps

MAISON 2: le déséquilibre énergétique en sous-activité dans le corps

LE TIRAGE EN TROIS CARTES

Ce tirage classique en trois cartes permettra d'avoir un aperçu des challenges énergétiques passés, présents et futurs.

Les cartes d'aide peuvent être mélangées aux autres et utilisées dans ce tirage afin de savoir si un thème peut t'aider (soit qu'il l'ait déjà fait, soit qu'il le fasse prochainement).

MAISON 1 : le thème énergétique travaillé et déjà acquis (passé)

MAISON 2 : le challenge énergétique actuel (présent)

MAISON 3 : le thème énergétique qui sera à travailler prochainement (futur)

LE TIRAGE DES CHAKRAS

Isole les sept cartes chakras.

Le tirage des chakras permet de savoir quels sont les chakras fermés et les chakras ouverts.

Ce tirage fera appel à ton intuition. Dispose les sept cartes chakras faces cachées devant toi (pour ne pas être influencé·e par l'image du chakra). Place chacune d'entre elles intuitivement dans la maison qui te semble lui correspondre.

MAISON 1 : les chakras fermés

MAISON 2 : les chakras ouverts

LE TIRAGE DU BILAN ÉNERGÉTIQUE

Mets de côté les cartes d'aide pour ce tirage.

Ce tirage t'offrira une vue énergétique d'ensemble afin d'orienter ton soin ou ton travail personnel.

Si tu ressens le besoin d'ajouter plus de cartes dans certaines maisons, suis simplement ton intuition !

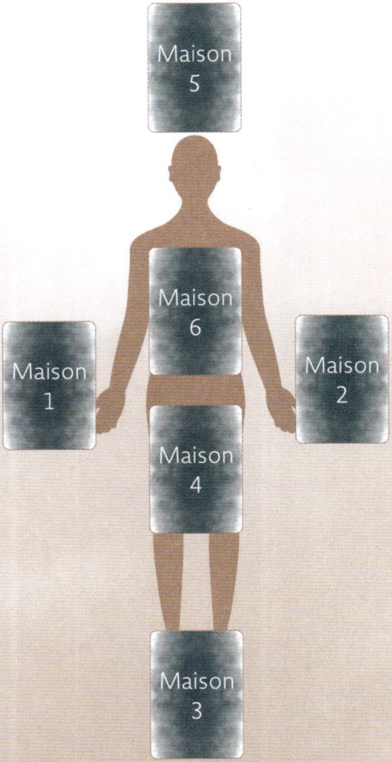
Maison 5
Maison 6
Maison 1
Maison 2
Maison 4
Maison 3

MAISON 1 : ce qui est équilibré

MAISON 2 : ce qui est déséquilibré

MAISON 3 : les points forts sur lesquels s'appuyer

MAISON 4 : les points bloquants à surveiller

MAISON 5 : les conseils à intégrer

MAISON 6 : les aides (parmi les dix cartes spéciales)

Les cartes des différents thèmes énergétiques

1

Le corps physique

Le corps physique est le premier de nos sept corps et le seul qui se voit à l'œil nu. C'est le corps que l'on connaît par cœur et depuis toujours. C'est celui que nous chérissons ou parfois détestons. Il est notre enveloppe charnelle, notre matière. Ce corps est notre vaisseau, celui qui nous mène à bon port, celui qui nous permet de naviguer dans notre incarnation. Il est relié au chakra racine.

EN ÉQUILIBRE

Mon corps physique est mon allié. Il est fort, plein de vitalité et en bonne santé. Je suis en lien avec lui, je prends soin de lui et je lui porte amour, respect et bienveillance.

EN DÉSÉQUILIBRE

BLOCAGE/FERMETURE : mon corps crie et a mal. Il se dégrade et me le fait savoir. Ma santé se détériore. Il tombe alors malade ou il s'enflamme. Il essaie de me transmettre son message par divers maux.

SURACTIVITÉ : mon corps est pris d'un élan, voire d'un trop-plein d'énergie et de vitalité. J'entre alors dans un tourbillon où je n'écoute que lui et j'occulte mes besoins émotionnels, mentaux, énergétiques, spirituels ou autres.

Les soins recommandés

1. Un rééquilibrage énergétique pour solidifier la structure énergétique et réénergiser l'ensemble du corps physique.
2. Un soin spécifique à la (ou aux) douleur(s) rencontrée(s).

2

Le corps énergétique

Le corps énergétique est le double parfait de notre corps physique. Les deux corps s'emboîtent l'un dans l'autre et s'auto-alimentent. Il est totalement dépourvu de matière et est le tout premier de nos corps subtils. Lorsque notre corps physique meurt ou est atteint, le corps énergétique meurt avec lui ou subit les mêmes atteintes. Il est relié au chakra sacré.

EN ÉQUILIBRE

L'énergie circule bien dans mon corps énergétique et alimente par ce biais mon corps physique en énergie. Cela me permet d'être en bonne santé et d'avoir une bonne vitalité.

EN DÉSÉQUILIBRE

BLOCAGE/FERMETURE : un ou plusieurs de mes chakras sont fermés, ce qui ralentit, voire stoppe, la circulation énergétique dans mon corps. Je subis alors des maux physiques, une perte de vitalité, des états émotionnels compliqués, etc.

SURACTIVITÉ : je sens un trop-plein d'énergie qui fatigue mon corps physique et induit comme une surchauffe. Je n'ai pas de température élevée ni de fièvre, mais une sensation de chaleur dans tout ou partie de mon corps. Je peux observer une sensibilité accrue qui entraînera à la longue une fatigue physique, émotionnelle ou mentale.

Les soins recommandés

1. Un rééquilibrage énergétique : pour solidifier la structure énergétique et réénergiser l'ensemble du corps physique et du corps énergétique.
2. L'alignement des corps physique et énergétique pour faciliter la circulation énergétique.

3

Le corps astral

Le corps astral est notre troisième corps. Il est le véhicule qui nous permet d'effectuer des voyages astraux. Il est en lien avec nos émotions et est directement alimenté par celles-ci. Il est attaché à notre âme et continuera son voyage avec elle, même quand notre enveloppe physique ne sera plus. Il est relié au chakra du plexus solaire.

EN ÉQUILIBRE

Mes émotions sont calmes et posées, elles me traversent sans créer d'états d'âme profonds. Mon sommeil est reposant, apaisé et parsemé de rêves ou de voyages dans d'autres sphères.

EN DÉSÉQUILIBRE

BLOCAGE/FERMETURE : soit mes émotions sont inexistantes, ce qui me pousse à un certain détachement, soit je suis incapable de les digérer et un rien m'irrite. L'inconnu, la spiritualité, les états modifiés de conscience ou les rêves étranges auront tendance à m'effrayer.

SURACTIVITÉ : les voyages astraux (voulus et conscients, ou non) sont mon quotidien. L'ancrage n'est pas mon fort et je suis facilement perdu·e dans des univers parallèles que je pense créés par mon imagination. Je peux être vite noyé·e par mes émotions multiples.

Les soins recommandés

1. Soin spécifique au corps astral selon les challenges rencontrés (sommeil, ancrage, peurs).
2. Ouverture du plexus solaire pour faciliter la digestion des émotions.

4

Le corps mental

Le corps mental est le quatrième de nos corps. Il régit nos pensées et influence notre corps astral (corps émotionnel). Il est le siège de notre intellect et de notre esprit, et emmagasine nos connaissances, nos souvenirs et les données au fil de nos vies. Il y a le corps mental inférieur (réflexion rationnelle) et le corps mental supérieur (pensées reliées au cœur). Il est de ce fait relié au chakra du cœur.

EN ÉQUILIBRE

Je suis en lien avec mon cœur, avec mes envies, et j'arrive à poser des intentions claires mais aussi à manifester ce qui me tient à cœur. Mes pensées sont calmes et apaisées.

EN DÉSÉQUILIBRE

BLOCAGE/FERMETURE : mes pensées sont illogiques, irrationnelles et/ou à court terme. Je prends mes décisions uniquement avec la tête, sans tenir compte du cœur ou du corps.

SURACTIVITÉ : si mon corps mental inférieur est en suractivité, ma logique et la rationalité prennent le dessus sur tout le reste. Si c'est mon corps mental supérieur qui est en suractivité, alors mon cœur va parler et mes pensées pourront être changeantes en fonction du moment, de mon état, de mes envies.

Les soins recommandés

1. Soin spécifique au corps mental selon les challenges rencontrés (reprogrammation mentale, confiance en soi, apaisement mental).
2. Ouverture du cœur et de ses ramifications dans les mains pour favoriser l'écoute de soi.

5

Le corps causal

Le corps causal est le cinquième de nos corps. Il enregistre les expériences physiques et émotionnelles de toutes nos vies. Il a emmagasiné au cours de nos vies antérieures tous nos choix, nos luttes et nos efforts afin d'éviter de reproduire certains schémas. Ce corps est directement lié au karma, il nous permet l'ascension spirituelle et le voyage au cœur de nos annales akashiques (la bibliothèque de nos vies antérieures). Il est relié au chakra de la gorge.

EN ÉQUILIBRE

Je suis en lien avec les épreuves et les expériences que je traverse (et ai traversées dans mes vies antérieures). Les grandes leçons de ces expériences sont assimilées pour que je puisse avancer et évoluer sereinement dans mon incarnation.

EN DÉSÉQUILIBRE

BLOCAGE/FERMETURE : des schémas répétitifs s'instaurent dans ma vie à un ou plusieurs niveaux (relationnel, professionnel, personnel). Malgré mes expériences similaires, mes choix me mènent continuellement vers les mêmes situations, qui sont pour le moins inconfortables.

SURACTIVITÉ : les expériences de mes vies antérieures ont une emprise sur mon être (physique, mental, émotionnel) de manière souvent inconsciente. Le moindre événement en lien avec un trauma antérieur aura la capacité de générer un chaos dans ma vie (résurgence de vies antérieures).

Les soins recommandés

1. Soin spécifique au corps causal selon les challenges rencontrés (liens et vœux karmiques).
2. Ouverture du chakra de la gorge pour arriver à mettre des mots sur le vécu.

6

Le corps bouddhique

Le corps bouddhique est le sixième de nos corps. Il est associé à notre chakra du 3e œil et à notre âme. C'est à travers lui que nous sommes en mesure de nous relier à nos guides spirituels pour recevoir leur guidance, que s'exprime notre intuition et que nous avons accès à notre sagesse intérieure, celle de notre Moi supérieur.

EN ÉQUILIBRE

Je suis calme face aux événements de la vie. Je sens plutôt bien les choses et je sais à l'intérieur de moi que tout a une raison, une raison que je peux parfois ignorer. J'ai du nez (comme on dit), je sais suivre mon intuition et même parfois recevoir les messages du monde d'en haut.

EN DÉSÉQUILIBRE

BLOCAGE/FERMETURE : je suis concentré·e sur la matière, sur mes pensées incessantes, sur mes peurs et mes doutes. J'occulte ce qui m'entoure et qui réside dans l'invisible. Mes choix sont faits en fonction de mes peurs. Je suis coupé·e de mon intuition et de ma sagesse innée.

SURACTIVITÉ : l'ancrage ne sera pas forcément au rendez-vous et les messages de l'au-delà seront constants. J'aurai tendance à vivre ailleurs : dans la lune, dans les étoiles ou les nuages, selon les expressions consacrées. Tous mes choix seront basés sur « mon guide spirituel m'a dit que » ou sur mon intuition, sans prendre en compte le reste.

Les soins recommandés

1. Soin spécifique au corps bouddhique selon les challenges rencontrés (apaisement mental, densification aurique, ancrage, confiance en soi).
2. Ouverture du chakra du 3e œil et des chakras secondaires auditifs pour laisser place à ses capacités intuitives (ou les rééquilibrer).

7

Le corps divin

Le corps divin est le septième et le dernier de nos corps. Il est donc relié au chakra couronne. Il nous permet d'être en lien avec notre spiritualité en nous connectant au Grand Tout, à l'Univers, à Dieu, selon nos croyances. Il nous met en lien avec la conscience unifiée, là où l'ego (sentiment d'individualité) n'a plus sa place. Le corps divin est le pont avec notre Moi divin, le Moi qui ne fait qu'un avec l'Univers.

EN ÉQUILIBRE

Je suis conscient·e que je fais partie d'un Tout, de quelque chose de plus grand et de plus vaste que ma propre personne. Je suis connecté·e aux plans célestes et sens que ma vie va bien au-delà de ce qui est.

EN DÉSÉQUILIBRE

BLOCAGE/FERMETURE : ma conscience s'arrête à ce qui est, à ce que je vois, à la matière qui m'entoure. J'avance dans ma vie sans me poser de questions, sans but détaché de mon individualité, sans contact ni lien avec le Divin.

SURACTIVITÉ : seul le Divin a sa place et son importance dans ma vie. Ma dévotion à ma spiritualité/religion est sans frontières. J'existe uniquement pour servir les plans célestes.

Les soins recommandés

1. Soin spécifique au corps divin selon les challenges rencontrés (reconnexion au monde d'en haut, travail sur l'ego, ancrage).

2. Ouverture du chakra couronne pour s'ouvrir à la guidance de l'Univers.

8

La structure énergétique

La structure énergétique est constituée des chakras, de l'alignement des corps et de l'aura. Elle est comme les fondations d'une maison : elle représente le fondement solide nécessaire au bon fonctionnement énergétique du corps. De ce fait, elle assure la bonne circulation de l'énergie dans tout le corps. Une structure énergétique solide et équilibrée est indispensable pour poser les bases nécessaires à ce qu'un soin spécifique (pour une douleur donnée) fasse tout son effet et perdure dans le temps.

EN ÉQUILIBRE

Je me sens bien et équilibré·e énergétiquement. Mes corps physique et énergétique sont alignés. Mes chakras et les canaux de circulation sont ouverts. Mon aura est dense, vibrante et imperméable. Ma structure énergétique est solide et équilibrée.

EN DÉSÉQUILIBRE

BLOCAGE/FERMETURE : je ne me sens pas aligné·e. Je sens bien qu'il y a quelque chose qui ne fonctionne ou ne circule pas correctement dans mon corps et/ou dans mon énergie. Il m'arrive de me sentir à côté de la plaque ou vidé·e de toute énergie par moments. Les petits désagréments physiques s'accumulent et il semblerait que je collectionne les challenges émotionnels.

Le soin recommandé

Un rééquilibrage énergétique pour solidifier la structure énergétique : ouvrir les chakras et les canaux, aligner les corps et densifier l'aura.

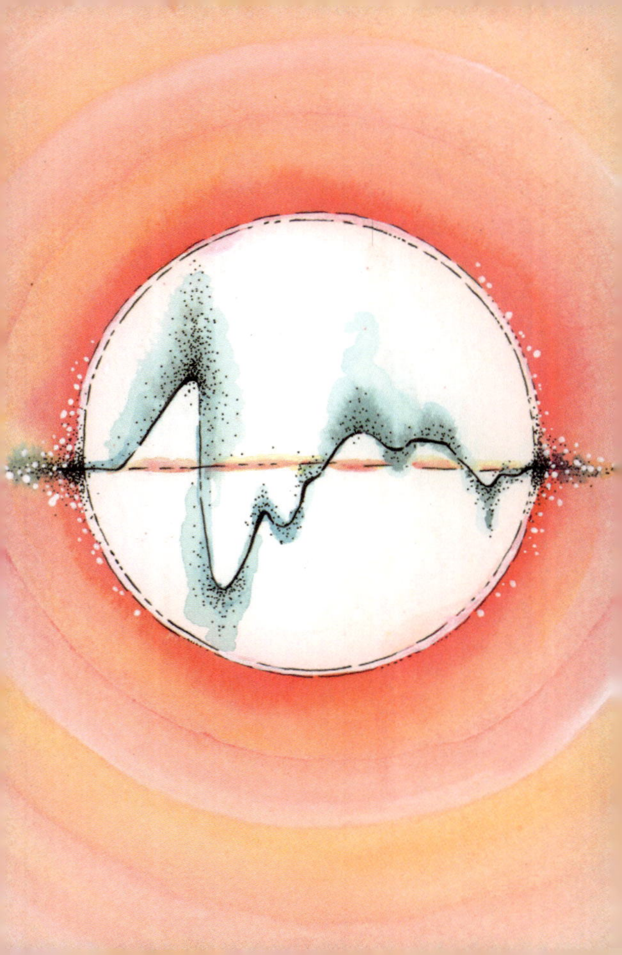

9

Le taux de vitalité

Le taux de vitalité représente le taux d'énergie d'une personne. Il est défini en pourcentage. Il nous donnera un ordre d'idée du dynamisme, ou au contraire de la fatigue, d'un individu. Le taux de vitalité n'est pas le taux vibratoire qui, lui, représente la vibration énergétique d'une personne ou d'un lieu à un instant T.

EN ÉQUILIBRE

Mon taux de vitalité est entre 70 % et 100 %. Je me sens globalement en forme. Je suis reposé·e, plein·e de dynamisme et d'entrain.

EN DÉSÉQUILIBRE

MOYEN : mon taux de vitalité se situe entre 40 % et 70 %. Je me sens plutôt fatigué·e et j'ai l'impression de tirer sur la corde. La fatigue s'accumule dans mon corps et dans mon esprit, et je commence à perdre l'envie d'avancer ou de prendre soin de moi.

BAS : mon taux de vitalité est entre 5 % et 40 %. Je suis extrêmement fatigué·e. Je me sens épuisé·e, comme vidé·e. Mon corps physique fait face à de grands maux, ou je rencontre une situation émotionnelle très challengeante. Je suis à bout de forces et je ne sais plus comment remonter la pente.

Le soin recommandé

Un rééquilibrage énergétique pour solidifier la structure énergétique, remonter le niveau d'énergie et favoriser la circulation énergétique dans tout le corps.

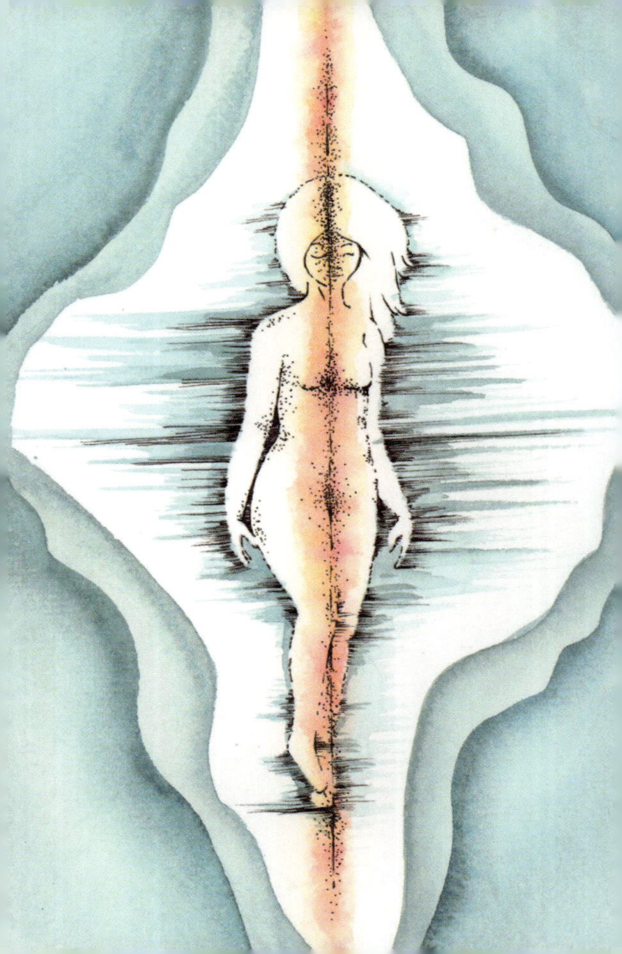

10

L'alignement énergétique

L'alignement énergétique, c'est lorsque le corps énergétique s'emboîte parfaitement dans le corps physique. Il n'y a pas de décalage entre les deux, ce qui favorise la circulation énergétique et l'alignement intérieur (cœur, corps et esprit) qui aide à la prise de décision. Les décalages énergétiques peuvent être divers et variés et en disent souvent long sur l'état émotionnel, physique et énergétique d'une personne.

EN ÉQUILIBRE

Je suis bien dans mes baskets, bien dans ma vie. Je prends mes décisions facilement, je me sens à ma place et aligné·e. Je me sens en équilibre entre mes émotions et mon envie d'agir, mais aussi entre ma vie matérielle et ma spiritualité. Je perçois dans mon corps un bon niveau d'énergie.

EN DÉSÉQUILIBRE

Je peux me sentir mal dans ma peau, mal dans ma vie ou dans une situation. J'ai aussi tendance à me sentir à côté de la plaque, à côté de ma vie, comme si je la regardais défiler. Je sens en moi une certaine amertume, une fatigue ou un agacement. Les situations que je vis se répètent parfois et je me sens bloqué·e dans mon évolution, comme si je m'enlisais dans des schémas répétitifs.

Les soins recommandés

1. L'alignement énergétique des corps physique et énergétique.
2. Un rééquilibrage énergétique pour solidifier la structure et maintenir le bon alignement des corps grâce à la circulation énergétique.

11

Le chakra racine

Le chakra racine se trouve au niveau du périnée. Il a un simple faisceau qui regarde vers le bas, vers la terre. Il est relié aux chakras secondaires des genoux et des pieds. C'est le long des jambes qu'il se diffuse et crée ses racines.

Il fait partie des chakras inférieurs reliés au monde d'en bas. Son mantra est : « Je suis ».

Il est en lien avec l'élément terre et le corps physique. Il représente notre base et influence notre vie, notre incarnation.

Il régit le métabolisme, la vessie, les os, les membres inférieurs, les glandes surrénales et le système lymphatique et d'élimination.

EN ÉQUILIBRE

Je suis capable de m'ancrer, de revenir dans mon corps et dans l'instant présent pour calmer mes pensées. J'ai les pieds sur terre et je suis en lien avec la matière et mon incarnation. Je me sens stable et en sécurité.

EN DÉSÉQUILIBRE

BLOCAGE/FERMETURE: la vie est trop difficile ou je suis souvent dans mes pensées ou dans ma spiritualité. Je suis coupé·e de la réalité, de mon corps, de ma vie. Je peux même en arriver à n'être plus qu'un esprit déconnecté de son incarnation. Je ne me sens pas en sécurité (matérielle ou financière). Je n'arrive pas à concrétiser mes projets et mes envies dans la matière. Je perds l'équilibre et je manque de lien avec le sol, avec la terre. Je n'ai pas de port d'attache et à chaque tempête, je suis ballotté·e dans tous les sens.

SURACTIVITÉ: je suis quelqu'un de terre à terre. Seul ce qui est palpable et concret a un intérêt pour moi. J'aime avoir le contrôle sur les choses et sur ma vie, quitte à être rigide et inflexible. Je peux également être en mode survie car je fais face à de grandes difficultés.

Le soin recommandé

Ouverture du chakra racine
et des ramifications/racines jusque
dans les pieds, pour favoriser
la connexion à la terre et créer l'ancrage.

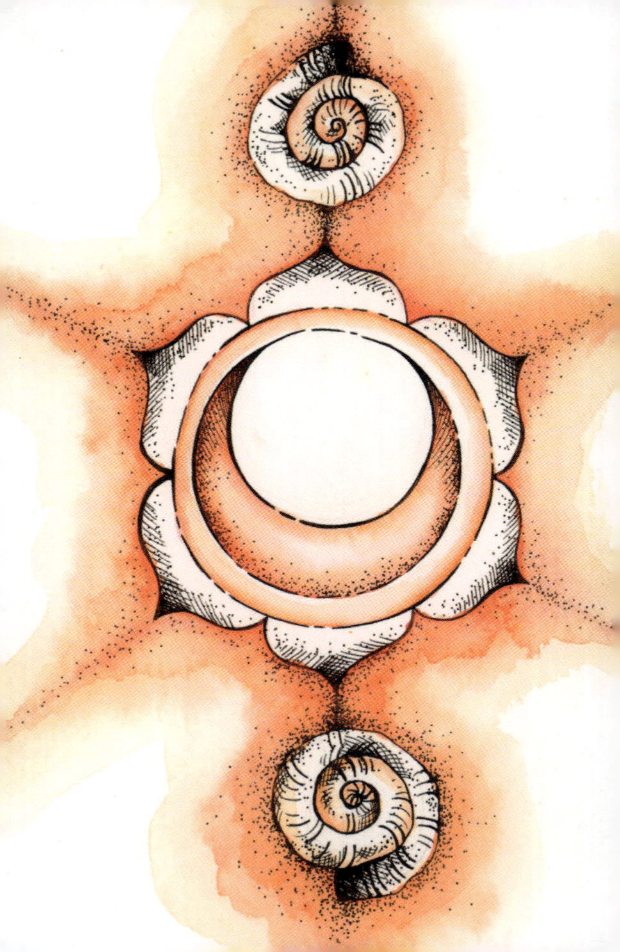

12

Le chakra sacré

Le chakra sacré se trouve entre le nombril et le pubis.

Il fait partie des chakras inférieurs reliés au monde d'en bas. Son mantra est : « Je ressens ».

Il est en lien avec l'élément eau et le corps énergétique. Il représente notre feu intérieur et influence notre sexualité et notre créativité.

Il régit les reins, les organes génitaux, les intestins et le système reproducteur.

EN ÉQUILIBRE

Je suis capable de vivre, d'être spontané·e et de prendre plaisir à faire les choses. J'ai confiance en moi et en mes capacités. Ma créativité a la place de s'exprimer et je suis en lien avec elle. J'ai de l'ambition et des envies que j'écoute. J'arrive à lâcher prise sur les émotions qui me traversent. Je suis au clair avec ma sexualité et à l'aise avec ma libido. Je me sens plein·e de vie.

EN DÉSÉQUILIBRE

BLOCAGE/FERMETURE : je ne me sens pas bien dans mon corps, ni même dans ma vie qui me semble terne. Je n'ai ni l'envie ni le goût de faire les choses, de créer et de profiter. J'ai du mal à prendre plaisir à faire, à être. Ma sexualité est inexistante ou me pose des problèmes. Je n'ai pas confiance en moi et en mes capacités. Je suis incapable de lâcher prise, j'accumule et je stocke toutes les émotions en moi.

SURACTIVITÉ : je suis centré·e sur moi, sur ce qui m'anime, sur mon être et ma capacité à créer. Seul le plaisir (notamment physique) a de l'importance. C'est ce qui passe avant tout. Et cette quête constante du prochain plaisir me coupe de la profondeur de la vie. Je virevolte et je papillonne de plaisir en plaisir, sans jamais vraiment profiter de l'instant.

Le soin recommandé

Ouverture du chakra sacré
pour reprendre le lien avec sa flamme intérieure, sa capacité à créer et sa libido.

13

Le chakra du plexus solaire

Le chakra du plexus solaire se trouve au niveau de la partie basse du sternum.

Il fait partie des chakras inférieurs reliés au monde d'en bas. Son mantra est : « Je fais ».

Il est en lien avec l'élément feu et le corps astral. Il représente notre soleil intérieur et il influence notre motivation, notre sagesse et notre puissance.

Il régit l'estomac, le foie, la vésicule biliaire, le pancréas et le système digestif.

EN ÉQUILIBRE

Je suis plein·e d'entrain et de motivation. J'arrive à digérer mes émotions pour leur permettre de me traverser. Je laisse ma lumière briller à l'extérieur sans craindre de faire de l'ombre à d'autres. J'ose rayonner et prendre ma place. Je n'ai ni honte ni peur de qui je suis et je sais de quoi je suis capable : je suis en lien avec ma puissance. J'ai pleinement confiance en la vie. Je sais que mon existence sert une cause plus grande.

EN DÉSÉQUILIBRE

BLOCAGE/FERMETURE : mon soleil intérieur est éteint et ma lumière extérieure, mon rayonnement sont ternes et faiblards. La vie n'a ni goût ni saveur. Je n'ai pas confiance en ce que l'avenir me réserve. Je me fais du souci pour ce qui pourrait m'arriver ou se produire de nouveau. Il y a plein d'émotions, de paroles et d'événements que je ne digère pas et qui me restent sur l'estomac. Alors je tourne en rond sans vraiment savoir quoi faire.

SURACTIVITÉ: je peux avoir un ego démesuré et me sentir tout·e-puissant·e. J'ai un certain charisme, une certaine lumière qui attirent les personnes à moi, et il peut m'arriver de profiter de cela. Je prends beaucoup de place et ai tendance à monopoliser le temps de parole lors d'un échange. Je peux aussi être dans la démesure et la recherche de perfection à outrance. Mes émotions sont vives et instantanées: elles passent aussi vite qu'une tempête tropicale.

Le soin recommandé

Ouverture du plexus solaire
pour arriver à digérer ses émotions,
faire rayonner à l'extérieur sa lumière
intérieure et oser prendre sa place.

14

Le chakra du cœur

Le chakra du cœur se trouve au centre de la poitrine. Son énergie se diffuse le long des bras et à travers les chakras secondaires des coudes et des mains.

C'est le chakra central, celui qui est relié au monde du milieu et qui fait le pont entre le monde d'en bas et le monde d'en haut. Il est le lien entre les chakras inférieurs et les chakras supérieurs, le lien entre les autres et moi, le monde et moi, entre moi et moi. Son mantra est : « J'aime ».

Il est en lien avec l'élément air et le corps mental. Il représente notre joyau intérieur, il influence notre amour et notre guérison.

Il régit le cœur physique, les poumons, le thymus et les systèmes circulatoire et immunitaire.

EN ÉQUILIBRE

Je suis en lien et je me sens connecté·e à moi-même et à mes besoins. J'arrive à donner et aussi à recevoir. Je me donne de l'amour, de la compassion et de la bienveillance. J'accepte facilement la main qui m'est tendue. Je suis autant à l'écoute de moi qu'à celle des autres. J'ai la capacité d'être empathique, gentil·le et respectueux·se. La joie fait partie de mon quotidien et je porte de l'amour à l'autre, même celui ou celle qui parfois me blesse.

EN DÉSÉQUILIBRE

BLOCAGE/FERMETURE : je me sens meurtri·e et je m'enferme dans mes peines. Je manque d'estime envers moi-même. Mon cœur est serré et empli de rancœurs, de jugements et de ressentiments. J'ai le sentiment de ne pas mériter d'être aimé·e et que les personnes qui m'entourent ne méritent pas non plus mon amour. Je suis incapable d'accepter une main tendue. C'est difficile pour moi de donner ou d'éprouver des sentiments tels que l'amour, le respect ou même la compassion.

SURACTIVITÉ : j'offre mon amour et ma dévotion à toutes les personnes qui gravitent autour de moi. Je donne sans cesse et je m'oublie dans le processus. Donner me fait me sentir en vie et me met en joie. Alors je distribue de l'amour comme on distribue des prospectus. Quitte à m'épuiser dans le processus. Je me sens souvent vide d'énergie et fatigué·e. Ma sensibilité est parfois poussée à l'extrême, ce qui me met dans des situations inconfortables au possible.

Le soin recommandé

Ouverture du chakra du cœur
et de ses ramifications dans les mains
pour reprendre contact avec soi,
avec l'autre, pour développer
sa compassion (envers soi
et l'autre) et activer éventuellement
ses capacités extrasensorielles.

15

Le chakra de la gorge

Le chakra de la gorge se trouve au milieu du larynx.

Il fait partie des chakras supérieurs reliés au monde d'en haut. Son mantra est : « Je parle ».

Il est en lien avec l'élément éther et le corps causal. Il représente notre ouverture et il influence notre communication.

Il régit le fonctionnement du cou et de la voix, les épaules, la bouche, la thyroïde et le système respiratoire.

EN ÉQUILIBRE

J'arrive à m'exprimer et à mettre des mots sur mes maux. Je partage et exprime ce qui me traverse ainsi que les émotions que je vis au quotidien. Je sais que la parole, si elle est juste, a de grands pouvoirs. Je m'exprime avec aisance, que ce soit à l'oral ou à l'écrit. Ma communication est harmonieuse et juste. J'exprime les choses même quand c'est difficile à dire ou à entendre.

EN DÉSÉQUILIBRE

BLOCAGE/FERMETURE : je n'arrive pas à exprimer ce que je ressens. Je ne sais pas mettre des mots sur mes maux. Je peux mentir (ou omettre de dire certaines choses). Je préfère d'ailleurs ne rien dire que de faire face à un conflit. Certaines situations ou paroles me restent en travers de la gorge et ça a du mal à passer. Je peux sentir ma gorge se nouer fréquemment face à mes émotions. Je n'arrive pas à communiquer de manière authentique et je ne sais pas exprimer clairement mes besoins.

SURACTIVITÉ : je monopolise la parole et je ne sais pas écouter les autres. Je prends beaucoup de place dans mes conversations avec les autres et je les interromps souvent. J'ai tendance à parler haut et fort, même dans des situations qui ne s'y prêtent pas (par exemple au téléphone). J'aime bien m'écouter parler et je pense que je suis un·e bon·ne communicant·e (même si je n'agis pas vraiment en dehors de mes paroles). Je me plains beaucoup et mon entourage ne m'écoute pas toujours.

Le soin recommandé

Ouverture du chakra de la gorge
pour mettre des mots sur ses maux,
pour faciliter sa communication,
pour délier sa parole et arriver
à dire ce que l'on a à dire.

16

Le chakra du 3e œil

Le chakra du 3e œil est situé au centre du front et légèrement au-dessus des sourcils.

Il est relié à nos chakras auditifs qui se trouvent au-dessus de nos oreilles et sont des chakras secondaires. Son mantra est : « Je vois ».

Il est en lien avec l'esprit et le corps bouddhique. Il représente notre œil énergétique (notre sixième sens) et influence notre conscience. Il régit l'hypophyse, le visage, les yeux, les oreilles, le nez et le système endocrinien.

EN ÉQUILIBRE

J'ai la capacité de voir au-delà de ce que mes yeux (physiques) peuvent voir. Je peux aussi avoir la capacité d'entendre (clairaudience) et/ou d'avoir du nez (pressentiments). J'ai un bon équilibre entre ma logique et mon intuition. Je sais m'écouter et agir avec lucidité. Ma vision est claire : je sais où je vais et ce que j'attends de la vie. J'ai tendance à avoir une imagination fertile. Je fais totalement confiance à ma sagesse intérieure, à mon sixième sens et à mes perceptions qui me guident dans ma vie.

EN DÉSÉQUILIBRE

BLOCAGE/FERMETURE : j'ai tendance à être fermé·e d'esprit et à ne pas accepter les opinions extérieures et différentes. Je ne laisse pas de place, dans ma vie, à la spiritualité ou à tout ce qui est impalpable et ésotérique. J'ai du mal à visualiser les choses, je peine à me projeter ou à avoir de l'imagination. Mon attention se porte sur les détails du quotidien plutôt que sur la vue d'ensemble. Je n'ai pas réellement de but ou d'objectif : j'erre, vide de sens.

SURACTIVITÉ : je suis déconnecté·e de la réalité et j'évolue dans une dimension un peu à part. Beaucoup d'informations transitent dans mon esprit : les informations extérieures, mes pensées et mes ressentis extrasensoriels. J'ai du mal à faire la part des choses en tout. J'ai tendance à être superstitieux·se et à avoir beaucoup de croyances qui me freinent. Je peux même parfois être un peu paranoïaque. J'ai du mal à m'organiser, à utiliser ma logique et je me laisse facilement déborder.

Le soin recommandé

Ouverture du chakra du 3e œil
et des chakras secondaires
auditifs pour améliorer sa vision,
ouvrir ses capacités intuitives
et s'ouvrir à l'invisible.

17

Le chakra couronne

Le chakra couronne se trouve au sommet du crâne ; il a un simple faisceau qui regarde vers le haut, vers le ciel.

Il fait partie des chakras supérieurs reliés au monde d'en haut. Son mantra est : « Je sais ».

Il est en lien avec la vibration et le corps divin. Il représente notre connexion à l'Univers et influence notre spiritualité.

Il régit la glande pinéale, le cortex cérébral, la mémoire, les activités intellectuelles et le système nerveux central.

EN ÉQUILIBRE

Je me sens en lien avec l'Univers et avec mon âme. J'ai conscience qu'il y a quelque chose de plus grand que moi et que je fais partie d'un Tout. Je suis ouvert·e à la spiritualité. Je suis plutôt calme et apaisé·e. Je suis en confiance, je sais que je suis entouré·e et guidé·e par la lumière. La vie a du sens en dehors de la logique des choses. J'ai la capacité de m'émerveiller devant la beauté de l'instant.

EN DÉSÉQUILIBRE

BLOCAGE/FERMETURE : je me sens seul·e et parfois même perdu·e. Je ne comprends pas bien le sens de la vie et le but d'enchaîner les épreuves qui se mettent sur mon chemin. Je suis réfractaire, voire hostile, à la spiritualité, je n'y vois aucun intérêt. La seule quête qui ait du sens pour moi, c'est la quête matérielle. Rien ne m'inspire vraiment et je peux me sentir déprimé·e, voire même être dépressif·ive.

SURACTIVITÉ : mes idées, mes pensées sont partout et nulle part à la fois. Je vis et j'évolue dans une autre dimension. Je suis complètement déconnecté·e de la réalité et même dissocié·e de mon corps. Je suis ailleurs, dans un autre monde, submergé·e par les expériences extrasensorielles. Mon ancrage est très certainement inexistant. Et il se peut même que je sois très dévoué·e à une religion, quitte à devenir un·e fanatique (ou à abuser de drogues psychotropes).

Le soin recommandé

Ouverture du chakra couronne pour recréer le lien avec le monde d'en haut, s'ouvrir à la spiritualité et la guidance de l'Univers.

18

Les canaux de circulation

Les canaux de circulation énergétique sont les garants de la bonne propagation de l'énergie dans tout le corps. Ils sont comme les canalisations qui permettent l'évacuation et la circulation des énergies et des émotions. Il serait vain de ne rééquilibrer que les chakras et pas les canaux qui garantissent l'évacuation, la circulation et l'approvisionnement de l'énergie.

Nous avons trois canaux de circulation : un central qui relie les chakras entre eux, et deux canaux secondaires dits latéraux qui s'enroule autour du canal central. Le canal central traverse le corps de haut en bas et permet de réceptionner et évacuer l'énergie. Les canaux latéraux sont circulaires, en lien avec notre énergie masculine et féminine, et en circuit fermé dans lequel l'énergie monte et descend en boucle.

EN ÉQUILIBRE

Ma circulation énergétique se fait bien. Mon corps arrive à bien réguler les énergies qui me traversent. Je réceptionne l'énergie et je l'évacue. Elle n'est ni trop montante, ni trop descendante, et je me sens plein·e de vitalité. Même si un de mes chakras est déséquilibré, mon taux de vitalité reste bon.

EN DÉSÉQUILIBRE

BLOCAGE/FERMETURE: j'ai du mal à évacuer mes émotions ou à les laisser me traverser. Je me sens bloqué·e et enfermé·e dans un corps qui emmagasine mes énergies et parfois celles des autres, des lieux ou des situations auxquelles je fais face. Plusieurs de mes chakras ont tendance à se fermer car ils ne peuvent pas communiquer entre eux. Je peux être amené·e à sentir un déséquilibre dans mes énergies masculine et féminine.

SURACTIVITÉ: il n'y a pas vraiment de suractivité possible dans les canaux de circulation, si ce n'est dans les canaux latéraux. Dans ce cas, je me sentirai alors instable, incapable d'aller au bout des choses, passant du coq à l'âne en un claquement de doigts. Mon énergie masculine ou féminine pourrait aussi prédominer si un seul de mes canaux latéraux est en suractivité.

Le soin recommandé

La circulation énergétique :
ouvrir les trois canaux de circulation énergétique pour favoriser le flux énergétique dans tout le corps.

19

L'aura

L'aura est notre enveloppe énergétique. Elle entoure et protège l'ensemble de nos corps : notre corps physique, mais aussi nos six corps subtils. Nous avons autant d'auras, ou de couches auriques, que de corps. Et quand on parle de l'aura, on fait référence à notre aura globale. Elle nous protège de la pollution et des agressions énergétiques. Elle est la projection extérieure de notre intériorité et de l'énergie qu'émettent nos chakras. C'est notre aura qui à elle seule sera capable de nous protéger énergétiquement.

EN ÉQUILIBRE

Mon aura est dense, forte et imperméable. Elle est lumineuse et peut être plus ou moins proche de mon corps physique. Mon équilibre physique, émotionnel et énergétique transparaît à travers elle. Elle me protège de la pollution énergétique et même d'éventuelles attaques énergétiques.

EN DÉSÉQUILIBRE

BLOCAGE/FERMETURE: mon aura est perméable et j'ai tendance à me sentir vidé·e de toute énergie en présence de personnes accaparantes (vampirisme énergétique). Je peux aussi subir de grosses baisses d'énergie et me sentir faible par moments ou de manière constante (faille ou fuite aurique). Je ne suis pas protégé·e et je peux être victime d'attaques énergétiques (perméabilité de l'aura).

SURACTIVITÉ : mon aura est très large et vaste. Elle pourra éventuellement manquer de densité et ne pas forcément remplir son rôle protecteur. J'aurai tendance à attirer les regards, à capter l'attention et à faire preuve de charisme. La contrepartie d'une aura suractive peut être que je me fatigue vite pour étendre mon aura, pour briller de mille feux.

Les soins recommandés

1. L'alignement des corps physique et énergétique : pour faciliter la circulation énergétique dans tous les corps et dans l'enveloppe (l'aura).
2. Soin aurique et densification de l'aura : pour combler les brèches, pour lui redonner une forme adéquate et la renforcer énergétiquement.

20

L'ancrage

L'ancrage est à la base de toute pratique énergétique, spirituelle et ésotérique. Nous nous sommes incarné·e·s dans un corps constitué de matière et d'énergie. L'ancrage est l'énergie qui nous permet de rester connecté·e·s à la matière. C'est une pratique ancestrale, primordiale et salvatrice qui est la fondation solide et nécessaire à toute ascension personnelle et spirituelle, mais aussi au développement de soi. L'ancrage est comme un port d'attache, une ancre pendant la tempête, un lien intime avec la terre et ses ressources.

EN ÉQUILIBRE

Je suis connecté·e à la terre, à la matière, en lien avec mon incarnation et les épreuves que je vis. Je suis donc connecté·e à moi-même, à mon être et je garde le cap, même pendant la tempête. J'ai la capacité de me libérer du trop-plein, de relâcher les tensions inutiles et de laisser aller les émotions envahissantes. L'ancrage m'aide à retrouver le calme et la sérénité mais aussi à faire le plein d'énergie et de vitalité. Il me fait me sentir en vie !

EN DÉSÉQUILIBRE

BLOCAGE/FERMETURE: je ne suis pas en lien avec la vie, la matière et l'instant. Par fuite ou de manière inconsciente, je vis dans mes pensées ou dans les hautes sphères pour me détacher de la matière et de la triste réalité qui l'accompagne. Je suis d'une certaine manière déconnecté·e de la réalité.

SURACTIVITÉ : il n'y a que la matière qui compte pour moi. Je ne crois que ce que je vois. Je suis centré·e sur ce qui est. L'argent a une place importante dans ma vie, et mes possessions sont tout ce que j'ai et tout ce en quoi je crois.

Le soin recommandé

Ouverture du chakra racine
et des ramifications/racines jusque
dans les pieds : pour favoriser
la connexion à la terre et créer l'ancrage.

21

Le mental

Le mental, c'est l'esprit qui vibre bas, qui vibre dans les doutes, dans la peur et dans les projections souvent catastrophiques d'un futur éventuel. Le mental transite par l'esprit, tout comme l'intuition. D'où la confusion régulière entre mental et intuition. Le mental est comme un bébé singe apeuré de tout et du moindre changement. Pour se rassurer, il commente alors tout ce que nous voyons et entendons. Il assure un flux de pensées incessantes sur un ton de « il faut, je dois ».

EN ÉQUILIBRE

Mes pensées sont calmes et posées. Dans mon esprit, je sens la différence entre mon mental, mon imagination et ma capacité à canaliser des informations. Je sais accueillir la peur et les doutes, lorsqu'ils se présentent, pour les laisser passer.

EN DÉSÉQUILIBRE

BLOCAGE/FERMETURE : je suis comme absent·e et déconnecté·e de ce que je vis. Comme si mon cerveau, mon esprit ou même mes pensées étaient sur *mute* (silencieux). Rien ne se passe, rien ne me traverse, rien ne m'atteint.

SURACTIVITÉ : mon petit singe prend toute la place, il est le commentateur sportif du match de ma vie. Rien ne se passe, rien ne m'arrive sans qu'il ait quelque chose à dire ou à redire. Mes pensées affluent sans cesse, au point que je me noie en elles. Je suis souvent cloué·e sur place, pétrifié·e par la peur, la crainte et les doutes, incapable d'avancer ou de sortir de ma zone de confort.

Les soins recommandés

1. Soin aurique et densification de l'aura : pour favoriser le sentiment de sécurité et la confiance en soi.

2. La circulation énergétique descendante : ouvrir les canaux de circulation et insister sur la circulation descendante (vers la terre).

W.N
N
N.E
E
E.S
S
S.W
W

22

L'intuition

L'intuition est une de nos trois boussoles intérieures, celle qui transite par l'esprit, à travers nos pressentiments et perceptions. Elle est reliée au monde d'en haut et à nos trois chakras supérieurs (gorge, 3° œil et couronne). L'intuition, c'est notre connexion au monde d'en haut, à l'Univers et aux êtres de lumière. Elle se manifeste par notre esprit, lorsque nos vibrations sont hautes et notre mental apaisé, ce qui nous permet d'accéder à la sagesse de notre âme, notre conscience supérieure.

EN ÉQUILIBRE

Je reçois des messages que mon esprit perçoit et assimile. Ceux-ci prennent la forme de flashs, de visions, de pensées ou d'images mentales souvent fulgurantes. J'arrive à mentaliser ou conscientiser ces informations sans mettre en doute ma capacité intuitive. Je suis attentif·ive aux signes extérieurs qui se présentent à moi pour me guider (moi ou les personnes qui m'entourent) dans l'aventure qu'est la vie.

EN DÉSÉQUILIBRE

BLOCAGE/FERMETURE : mon mental et ma logique prennent le dessus sur toutes les idées, inspirations ou pensées qui pourraient se former dans mon esprit. Je ne prête aucune attention aux signes et aux synchronicités. Pour moi, ce ne sont que de simples coïncidences. Je n'écoute pas cette petite voix à l'intérieur de moi qui, parfois, essaie de me montrer le chemin.

SURACTIVITÉ : je vis dans un autre monde, celui d'en haut. Je suis constamment en canalisation avec les autres sphères pour recevoir une guidance de mes guides à chaque instant. J'en viens même à manquer d'ancrage et à passer à côté de la vie, de ma vie et du bonheur. Je ne prends mes décisions qu'en fonction de ce que je pense entendre ou capter de la part de mes guides.

Les soins recommandés

1. Rééquilibrage du chakra du 3e œil et des chakras secondaires auditifs pour ouvrir ou réguler la réception d'informations.
2. En cas de suractivité : ouvrir le chakra racine pour créer et renforcer l'ancrage et insister sur la circulation énergétique descendante (vers la terre).

310
N·W
N
270
W
N·E
E
S
90

23

L'instinct

L'instinct est une de nos trois boussoles intérieures, celle qui transite par le corps et nos sensations physiques. Il est relié au monde d'en bas et à nos trois chakras inférieurs (racine, sacré, plexus solaire). L'instinct nous permet de recevoir en nous les messages du monde d'en bas : ceux de l'énergie de la terre, de notre lignée, de nos animaux totems. L'instinct se manifeste à travers notre corps et nos sensations physiques (souvent viscérales et qui prennent aux tripes).

EN ÉQUILIBRE

Je suis en lien avec moi-même et avec mon corps. Je sais que quand mon ventre se tord, c'est le signe d'une appréhension ou d'un événement qui s'en vient. Je suis à même de savoir quand quelqu'un me trahit ou me ment en fonction des sensations viscérales qui se présentent. Je sens, plus ou moins instantanément, si la personne/situation qui se présente à moi est néfaste. Je sais sentir dans mon corps si ça dit oui ou non.

EN DÉSÉQUILIBRE

BLOCAGE/FERMETURE : je fonce tête baissée dans certaines situations ou vers certaines personnes. Soit je ne ressens pas cette petite sensation dans mon ventre qui se tord pour me mettre en garde, soit je décide de l'occulter complètement. Je ne sais pas vraiment dire instinctivement si quelque chose me convient et je me retrouve souvent dans des situations inconfortables après coup.

SURACTIVITÉ: mon ventre est sens dessus dessous. Il réagit au moindre événement et à la moindre rencontre. Mes sensations viscérales et mes ressentis instinctifs sont tellement exacerbés qu'il m'en devient difficile de démêler les significations et de prendre des décisions, ou même de suivre mon instinct qui m'envoie dans tous les sens.

Les soins recommandés

1. Ouverture des chakras inférieurs (racine, sacré, plexus solaire) pour favoriser le lien avec soi, l'écoute de soi et la confiance en soi.
2. La circulation énergétique montante : ouvrir les canaux de circulation et insister sur la circulation montante (vers le ciel).

24

Les ressentis

Les ressentis sont l'une de nos trois boussoles intérieures, celle qui transite par le cœur et la vibration qui le/nous traverse. Ils sont reliés au monde du milieu et au chakra du cœur. Les ressentis nous permettent de voir, de sentir, d'éprouver au-delà des mots et des apparences. Ils se manifestent à travers notre cœur pour capter l'énergie et la vibration de ce qui nous entoure, et sont les messagers et les guides de notre intelligence émotionnelle : l'intelligence innée du cœur.

EN ÉQUILIBRE

Je suis en lien avec mes ressentis, aussi subtils soient-ils. Je ressens en moi et dans mon cœur les changements de vibration énergétique en fonction des lieux où je me trouve, mais aussi des personnes qui m'entourent. Je suis à l'écoute de mon intelligence émotionnelle, qui, à travers mes ressentis, me guide vers la joie, la vibration et la réalisation de mon être.

EN DÉSÉQUILIBRE

BLOCAGE/FERMETURE : je navigue à vue dans la vie et je suis dans le brouillard. Je pense ne pas avoir de ressentis et je suis certain·e de ne rien ressentir (NDA : il s'agit ici de clair-ressenti/clairsentience, et non d'émotions). Je n'ai pas de gouvernail pour me guider à travers les tumultes de ma vie. Je ne sais pas ce qui me met en joie, ni même ce qui me fait vibrer. Je ne sais pas dire si je ressens des choses différentes en fonction des situations dans lesquelles je suis et si cela m'affecte.

SURACTIVITÉ: je suis de ces personnes que l'on qualifie d'hypersensibles. Un rien m'affecte. Je suis comme une éponge émotionnelle et énergétique. Peu importent le lieu ou les personnes qui m'entourent, je suis comme assailli·e et suffoqué·e par les énergies environnantes. Je n'ai aucun moyen de me protéger de cela. En moi se mêlent les émotions et les énergies des autres et les miennes. Et je ne sais pas différencier les unes des autres, ou j'ai du mal à le faire.

Les soins recommandés

1. Ouverture du chakra du cœur et de ses ramifications dans les mains pour reprendre contact avec soi et ses ressentis.

2. Densification de l'aura pour favoriser le sentiment de sécurité et la confiance en soi.

25

L'éveil spirituel

L'éveil spirituel est une prise de conscience de tout ce qui peut exister autour de nous et dans l'invisible. À un moment donné de notre vie, la conscience se réveille et nous fait réaliser qu'autour de nous se trouve autre chose que ce que l'on voit et entend. L'éveil nous pousse au changement, à sortir de notre zone de confort pour nous réaliser pleinement et avancer sur notre route et vers notre mission de vie.

EN ÉQUILIBRE

Je m'éveille à mon rythme et je prends le temps d'apprécier chaque étape de l'éveil, de l'élément déclencheur à la traversée des peurs et à l'accompagnement pour finir par prendre mon autonomie. Je découvre des sujets spirituels et des thématiques ésotériques qui m'attirent. Je développe mes capacités extrasensorielles et je m'ouvre à la beauté du monde et de l'instant présent.

EN DÉSÉQUILIBRE

FERMETURE : je ne veux pas éveiller ma conscience au-delà de ce que je vois, touche et entends. Je refuse et repousse toutes les théories sur les énergies et les mondes subtils.

BLOCAGE: j'ai envie de m'éveiller mais la peur me retient. Je baigne dans des croyances qui m'enferment dans la peur, le doute et la crainte de ce qui n'est pas palpable. J'oscille entre l'envie de découverte et la crainte de ce qui est invisible. Mon éveil est imminent mais je le repousse, d'une certaine manière. Je sais qu'il y a plus, mais la facilité ou la réponse pour moi aujourd'hui, c'est de rester éloigné·e de tout cela.

SURACTIVITÉ: je suis, je vis, je respire l'éveil. Je suis en pleine découverte et j'y plonge à corps perdu. Plus rien n'existe ou n'a d'intérêt à mes yeux à part la spiritualité (ou les sujets éveillés) que je découvre et qui me passionnent. J'y consacre beaucoup de temps et d'énergie pour m'approprier et développer tous ces nouveaux concepts.

Le soin recommandé

Un rééquilibrage énergétique : pour solidifier la structure énergétique et réénergiser l'ensemble des corps, physique et subtils.

26

Le monde d'en haut

Le monde d'en haut représente les sphères hautes et spirituelles, le ciel, l'au-delà. C'est là que résident les anges, nos guides spirituels, les êtres de lumière qui nous guident au quotidien. C'est un lieu où les énergies sont hautes et les vibrations élevées. Ce monde d'en haut nous guide, nous accompagne, nous envoie des signaux, nous indique subtilement, ou moins subtilement, quel chemin emprunter. Le monde d'en haut est un monde éthéré, dénué de matière et fait uniquement d'énergie. Tout n'est qu'amour et lumière dans ce monde-là. Il peut également être associé au paradis.

EN ÉQUILIBRE

Mon lien avec l'au-delà et mes guides est sain. Je sais recevoir et entendre leur guidance quand j'en ai besoin et quand je me connecte à eux volontairement, que ce soit par la méditation ou la canalisation. Je sais aussi apercevoir et déceler les messages qu'ils envoient dans mon quotidien pour guider et orienter mes choix.

EN DÉSÉQUILIBRE

BLOCAGE/FERMETURE : j'ai du mal à percevoir les signes extérieurs qui m'aiguillent sur mon chemin ou dans les choix que j'ai à faire. Je me sens seul·e et non soutenu·e, comme si personne ne m'accompagnait dans mon cheminement. Je peux me sentir perdu·e et désemparé·e face à la vie, quitte à ne pas bien en comprendre le but.

SURACTIVITÉ : je cherche des signes et des messages dans tout ce qui m'entoure. Je regarde constamment l'horloge pour y apercevoir une heure miroir. Je suis en quête des moindres synchronicités qui valideraient (ou non) mes choix. Mon cerveau fume et mon mental tourne à plein régime. Je suis dans la recherche constante de connexion avec le monde d'en haut et les hautes sphères.

Le soin recommandé

Ouverture des chakras supérieurs (gorge, 3e œil, couronne) pour favoriser le lien avec le monde d'en haut.

27

Le monde d'en bas

Le monde d'en bas représente les sphères souterraines, la terre, les racines. C'est là que résident l'énergie des minéraux et l'esprit des animaux totems. Ce monde-ci nous relie à nos racines : notre lien à la terre mais aussi la force et les douleurs de notre lignée. C'est dans ce monde d'en bas que nous pouvons faire face à nos blocages et à nos blessures d'âme. C'est un lieu où l'énergie est souvent latente, inerte, profonde et dense. Il est souvent associé aux enfers car il est en lien direct avec nos ombres et nos souffrances.

EN ÉQUILIBRE

Mon lien avec mes racines est profond et intime. Je connais mes parts d'ombre et je les explore régulièrement, que ce soit à travers des voyages chamaniques ou du *shadow work*. C'est en faisant face à mes blessures et à mon ombre que je retrouve ma lumière. Je sais que je peux puiser la force et le soutien de mes ancêtres et de ma famille d'âme à travers mes racines et mon lien puissant au monde d'en bas. J'y fais appel à chaque fois que j'en ressens le besoin.

EN DÉSÉQUILIBRE

BLOCAGE/FERMETURE : ma lignée et mes ancêtres sont un poids pour moi, je ne suis pas en lien avec leurs souffrances et leurs accomplissements. Je ne suis pas non plus à l'écoute des miens. Je cherche à toujours être meilleur·e sans accepter ce qui fait qui je suis : mon ombre et ma lumière. Je peux manquer de respect pour la terre, les enjeux environnementaux et écologiques m'important peu.

SURACTIVITÉ : je vis dans la noirceur, dans *ma* noirceur. Je me complais dans mon ombre et mes côtés sombres. Je suis en quête de compréhension de moi (ou de ma lignée). Dans cette recherche constante de mieux-être, je ne me laisse pas le temps d'intégrer les prises de conscience de mes traversées dans le monde d'en bas. J'enchaîne et je consomme les thérapies qui appuient sur mes blessures sans prendre le temps de remonter à la surface pour intégrer la lumière et prendre un grand bol d'air frais.

Le soin recommandé

Ouverture des chakras inférieurs (racine, sacré, plexus solaire) pour favoriser le lien avec le monde d'en bas.

28

Le monde du milieu

Le monde du milieu représente notre monde, celui dans lequel nous évoluons et que nous voyons chaque jour. C'est là que résident les énergies de la nature (animaux et végétaux) mais aussi celles des lieux et des personnes. Il est le pont entre le monde d'en haut et le monde d'en bas, entre le ciel et la terre, entre l'ombre et la lumière. Il nous relie directement à notre cœur, à notre monde intérieur. Celui dans lequel nous sommes en lien avec nous-mêmes, en lien avec l'autre, en lien avec l'Univers. L'énergie de ce monde peut être aussi douce que dure, aussi fluide que bloquante, aussi nourrissante qu'étouffante.

EN ÉQUILIBRE

Mon cœur est grand ouvert, il est comme une antenne qui me relie à moi-même et aux autres. Je suis en lien avec lui et il me permet d'être en lien avec autrui. Je peux m'y connecter à travers la méditation de pleine présence ou la respiration. J'ai conscience de mon corps, de mon être et de ma vibration. Je sais qui je suis au fond de moi (même si je ne parviens pas à l'exprimer). Je me sens à ma place et j'ai trouvé un équilibre intérieur et extérieur.

EN DÉSÉQUILIBRE

BLOCAGE/FERMETURE : je ne suis pas à l'écoute de moi-même, ni des énergies ou des personnes qui m'entourent. Je me suis fermé·e aux autres et à moi-même. Je me suis emmuré·e et isolé·e, peut-être pour ne plus ressentir la douleur. Cette mesure de protection se retourne à présent contre moi car je n'arrive pas à profiter du moment présent ni même à ressentir de la gratitude pour ce qui est.

SURACTIVITÉ : je suis dans l'acceptation de tout ce qui est et qui se propose à moi. Tout le bien et tout le mal, je l'accepte, parfois sans discernement. De ce fait, je ne sais pas poser mes limites. Je ne sais pas non plus dire où elles sont. Je suis dans l'hyperempathie et l'amour inconditionnel extrême.

Le soin recommandé

Ouverture du chakra du cœur
et de ses ramifications dans les mains
pour reprendre contact avec soi
et avec l'autre. Mais aussi
pour développer sa compassion
envers soi, envers l'autre
et envers le monde.

29

Les maux du corps

Les maux physiques prennent forme dans la matière et se font sentir dans la chair. Ils sont bien souvent la résultante d'un mal-être émotionnel/mental ou d'un déséquilibre énergétique/spirituel. Les maux physiques sont généralement traités par la médecine allopathique comme une cause et non comme une conséquence d'un état émotionnel, mental, énergétique ou spirituel. À travers cette carte, il est important d'aller interroger le corps pour mettre de la lumière sur les déclencheurs (autres que physiques) de l'état actuel du corps.

EN ÉQUILIBRE

En prenant soin de mon corps et de ses limites, je prends soin de mon énergie, de mes émotions et de mon esprit. J'ai une hygiène de vie correcte qui respecte chacun de ces paramètres de mon être. J'ai conscience que mon corps est le vaisseau qui me permet de naviguer dans cette incarnation. Je me dois de le traiter comme un temple sacré.

EN DÉSÉQUILIBRE

Je ne prends pas soin de mon corps, je n'écoute pas ses limites. Je n'écoute pas ses messages et ses appels à l'aide. Ma santé physique peut se dégrader rapidement car le lien entre mon corps et moi-même est endommagé, voire rompu.

Je tire sur la corde et cela se ressent dans mon niveau d'énergie et à travers les différentes blessures, les différents maux qui s'accumulent. Cette carte est un signal d'alarme que je dois entendre une bonne fois pour toutes !

Les soins recommandés

1. Un rééquilibrage énergétique : pour solidifier la structure énergétique et réénergiser l'ensemble du corps physique.
2. Un soin spécifique à la (ou aux) douleur(s) rencontrée(s) (et au traitement de son (ou de leur) déclencheur émotionnel).

30

Les maux du coeur

Les maux émotionnels se font sentir dans notre cœur (mais pas seulement). Ils se matérialisent *via* les émotions qui nous traversent et s'arrêtent en chemin. Lorsque nos émotions décident de se loger à un endroit de notre corps ou de notre cœur au lieu de nous traverser, cela génère des petites gênes çà et là. Lorsque ces gênes et ces émotions sont ignorées, elles se transforment en douleurs, en maux et parfois même en maladies. Les émotions, qu'elles soient agréables ou non, sont comme des signaux qui s'allument dans tout notre être et permettent à notre cœur de nous servir de gouvernail pour nous diriger dans l'aventure de notre vie.

EN ÉQUILIBRE

Je suis à l'écoute de mes émotions. Je prends le temps d'être en contact avec elles afin qu'elles puissent me traverser. Je sais qu'une émotion n'est qu'un état passager et je les accueille avec sagesse, ce qui me permet de vivre (tout simplement) mes états émotionnels.

EN DÉSÉQUILIBRE

Des émotions difficiles s'accumulent en moi et dans ma vie. Je n'arrive pas à y faire face. Elles me polluent et je suis dans l'incapacité de les laisser me traverser ou même de les évacuer de mon corps, de mon esprit, de mon cœur. Que ce soit conscient ou non, ces émotions viennent grignoter ma structure énergétique, mon équilibre physiologique et mental. Elles affaiblissent ma capacité à réagir aux aléas du quotidien et me rendent plus vulnérable sur les différents plans de mon être : physique, énergétique, mental et spirituel.

Les soins recommandés

1. L'ouverture du chakra du cœur : pour ouvrir l'écoute de soi, le lien avec soi et soutenir la compassion pour soi-même.
2. Densification de l'aura : pour renforcer le sentiment de sécurité et la confiance en soi.

31

Les maux de l'esprit

Les maux de l'esprit prennent forme à travers nos pensées et se font ressentir de manière plus ou moins subtile dans notre psyché. Les maux émotionnels sont proches de ceux de l'esprit. Mais nous les différencions par leur durée. Les maux émotionnels sont plutôt passagers, quand les maux de l'esprit s'installent dans la santé mentale et psychologique d'un individu. Ces maux seront la résultante (entre autres) de facteurs environnementaux, héréditaires, éducationnels, mais aussi de nos croyances. Les maux de l'esprit sont profonds, parfois inconscients, ont des racines incertaines. Ils nécessitent bien souvent un accompagnement médical, psychologique, voire psychiatrique.

EN ÉQUILIBRE

J'ai un état d'esprit positif et une grande motivation (de manière générale). Cet optimisme et cette motivation ont un impact positif direct sur mon corps, sur mon envie de faire les choses, sur mon état émotionnel, mais aussi sur ma vitalité et mon énergie.

EN DÉSÉQUILIBRE

Je fais face à un état dépressif qui, s'il s'installe, se transformera en dépression. Je suis éventuellement angoissé·e ou phobique face à certaines situations. Cela peut être dû à un trauma que j'ai vécu ou à un environnement dans lequel j'ai évolué/j'évolue. Je n'ai pas les ressources mentales ou psychologiques nécessaires pour faire face à cela. C'est comme si mon cerveau était câblé sur une sorte de circuit fermé et vicieux. Cela peut aller jusqu'à m'entraîner dans des comportements obsessionnels ou addictifs.

Les soins recommandés

1. Un rééquilibrage énergétique pour solidifier la structure et renforcer les ressources naturelles du ou de la consultant·e.

2. La reprogrammation mentale : pour casser le circuit mental qui enferme le consultant puis recréer un circuit mental vertueux qui soutient son cheminement.

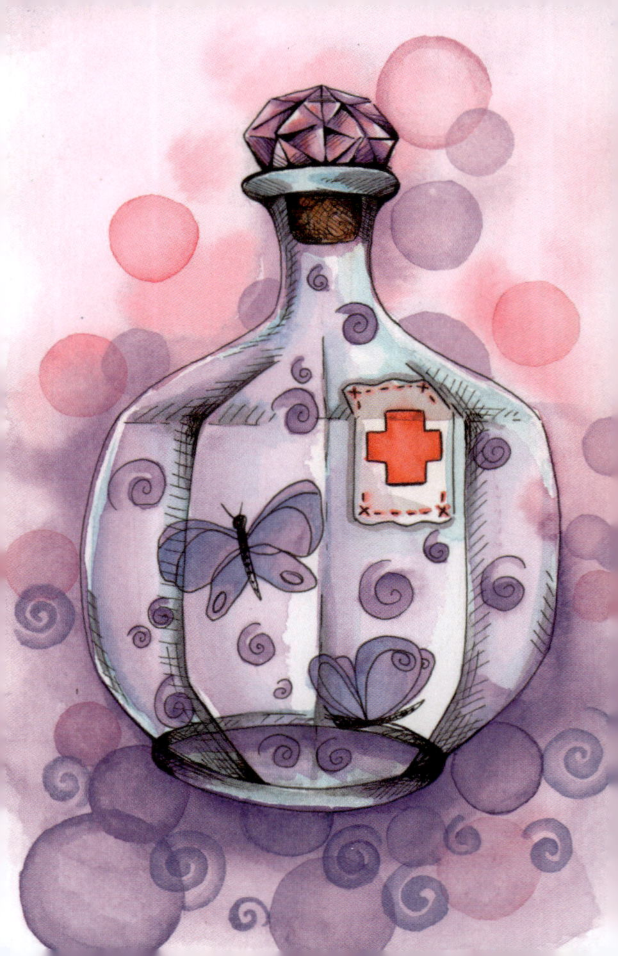

32

Les maux de l'âme

Les maux de l'âme, aussi appelés les états d'âme, sont souvent très subtils. Ils sont là depuis le début de notre incarnation. Ils se matérialisent et prennent forme à la rencontre d'une épreuve de vie, d'une situation ou d'une personne. Nous les sentons au plus profond de nous-mêmes et de notre être, sans trop pouvoir les décrire ou les expliquer. Ces maux sont d'ordre spirituel et demandent une certaine ouverture d'esprit pour être assimilés, intégrés, conscientisés ou même compris.

EN ÉQUILIBRE

J'ai conscience des challenges et défis auxquels mon âme a décidé de faire face dans mon incarnation. Je sais que les épreuves que j'ai déjà rencontrées sont là pour me transmettre une compréhension et une leçon indispensable à mon évolution/ascension. Je sais que j'ai, en moi, la force d'affronter et de surmonter les prochaines.

EN DÉSÉQUILIBRE

Je suis alourdi·e et impuissant·e face aux épreuves que la vie envoie sur mon chemin. Je me sens parfois seul·e, incompris·e. J'ai le sentiment que la vie m'en veut, pour s'acharner autant sur mon sort. Je me demande ce que j'ai pu faire pour mériter cela. Je n'arrive pas à déceler le positif ni même les opportunités dans toutes ces situations difficiles ou catastrophiques.

Les soins recommandés

1. Un rééquilibrage énergétique : pour solidifier la structure énergétique mais surtout l'alignement (le pont ciel/terre) et bien travailler les racines et l'ancrage.

2. Ouverture du 3e œil : pour soutenir l'ouverture au monde subtil et à la prise de sens des épreuves traversées.

3. Densification de l'aura : pour renforcer le flux d'énergie et le sentiment de confiance en soi et en la vie.

33

La protection énergétique

La protection énergétique est utile en cas d'agression énergétique (magie noire, vampirisme, formes-pensées) ou de pollution énergétique (lieu chargé, grand nombre de personnes réunies dans un même lieu). Le besoin de protection peut aussi se faire ressentir lorsque nos sens sont exacerbés (sensibilité extrême). Ce qui nous protège est notre aura, que l'on appelle aussi enveloppe énergétique, mais pas seulement.

L'aura est comme notre cocon intérieur, elle délimite notre espace énergétique vital. Pour que son rôle protecteur soit optimal, il est nécessaire que l'énergie circule bien partout et soit équilibrée dans tout notre corps. Une structure énergétique saine est indispensable. Elle représente notre solidité et notre équilibre intérieur. La meilleure protection énergétique sera donc d'avoir un bon équilibre énergétique ainsi qu'une aura dense et vibrante.

EN ÉQUILIBRE

Ma structure énergétique est équilibrée : mes chakras sont ouverts et équilibrés, mes corps énergétique et physique sont alignés et mon aura est imperméable, dense et vibrante. Je me sens en pleine forme, en confiance et protégé·e dans mon cocon. Ma sensibilité (même si elle est parfois extrême) est une alliée.

EN DÉSÉQUILIBRE

BLOCAGE/FERMETURE: mon aura est perméable et je ne me sens pas forcément en sécurité ou protégé·e. Ma structure énergétique est vacillante, voire défaillante ; je suis souvent fatigué·e et je ne me sens pas vraiment bien. Je suis à la merci des énergies qui m'entourent : celles des lieux, des personnes ou autres.

SURACTIVITÉ: je crée des bulles et boucliers de protection de toutes sortes et de toutes formes autour de moi. Je me sens constamment attaqué·e et agressé·e énergétiquement. Je suis dans la peur panique d'attraper les maux énergétiques de quelqu'un d'autre. Les boucliers que j'utilise pour me défendre ne font qu'affaiblir mon énergie et me couper de la vie et de la lumière. Ce qui produit le résultat inverse : je ne suis pas protégé·e énergétiquement.

Les soins recommandés

1. Un rééquilibrage énergétique pour solidifier la structure énergétique et remonter le niveau d'énergie.
2. Soin aurique et densification de l'aura pour combler les brèches, pour énergiser et imperméabiliser l'aura.

34

Les mémoires transgénérationnelles

Les mémoires transgénérationnelles sont comme un héritage intergénérationnel qu'un individu porte en lui pour se souvenir de l'histoire de ses ancêtres (qui est souvent tue). L'inconscient conserve ces mémoires par loyauté, pour qu'on se rappelle l'histoire familiale et que les mêmes erreurs ne se reproduisent pas. Ces bagages transgénérationnels sont les traumatismes et les non-dits vécus par nos ancêtres. Et cela se répercute sur nous jusqu'à induire inconsciemment des troubles – qu'ils soient de nature physique ou psychologique.

EN ÉQUILIBRE

J'ai conscience des mémoires que je porte pour ma lignée et de la manière dont elles affectent mon quotidien, mes réactions ou mes prises de décisions. J'ai fait la lumière sur les périodes sombres de l'histoire de mes ancêtres. J'ai su transmuter ces loyautés que je portais pour retrouver une certaine liberté.

EN DÉSÉQUILIBRE

Je porte en moi les mémoires/bagages de ma lignée par loyauté et de manière inconsciente (ou non) cela m'affecte dans ma vie et mon cheminement. Je fais face à des peurs, des cauchemars, des sentiments redondants et inexplicables, comme si je répétais l'histoire de mes ancêtres. Cela peut être un mal-être inexpliqué comme la dépression, une épreuve comme l'incapacité à concevoir un enfant, des problèmes récurrents avec mes finances, des schémas insidieux qui se répètent d'une manière ou d'une autre à travers une addiction.

Les soins recommandés

1. Une transmutation des liens énergétiques qui attachent à la lignée.
2. Une reprogrammation mentale pour créer un circuit mental vertueux et différent de celui qui est installé par loyauté à ses ancêtres.

35

Les mémoires karmiques

Les mémoires karmiques sont comme un héritage qu'un individu porte inconsciemment pour que son âme se souvienne de l'histoire de ses vies antérieures. Ces mémoires de ce que notre âme a vécu et traversé sont stockées dans notre corps causal et y laissent leur empreinte. Ces expériences physiques et émotionnelles que l'on a emmagasinées à travers nos vies antérieures nous permettent d'éviter de reproduire certains schémas. Cependant, la somme de ces épreuves, de ces luttes et de ces traumas peut alourdir notre bagage karmique et avoir des répercussions inconscientes sur notre incarnation/cheminement.

EN ÉQUILIBRE

J'ai conscience que certaines de mes réactions sont provoquées par mes mémoires karmiques et la résurgence de mes vies antérieures. Je connais certaines de mes vies antérieures et je suis alerté·e sur l'impact qu'elles ont sur mon incarnation et mon cheminement actuels.

EN DÉSÉQUILIBRE

J'ai des réactions vives que je ne sais pas expliquer. Elles viennent comme la foudre qui frappe pendant l'orage et repartent. Ces réactions peuvent apparaître quand je fais face à des personnes ou à des événements particuliers. Je peux aussi répéter, sans le vouloir, la même situation. Même si je comprends les mécanismes et ai conscience de mes erreurs, cette situation se présente encore et encore sans que je puisse rien y faire.

Le soin recommandé

Nettoyage profond des corps et de l'âme à la flamme violette pour transmuter les mémoires entravantes et libérer le karma.

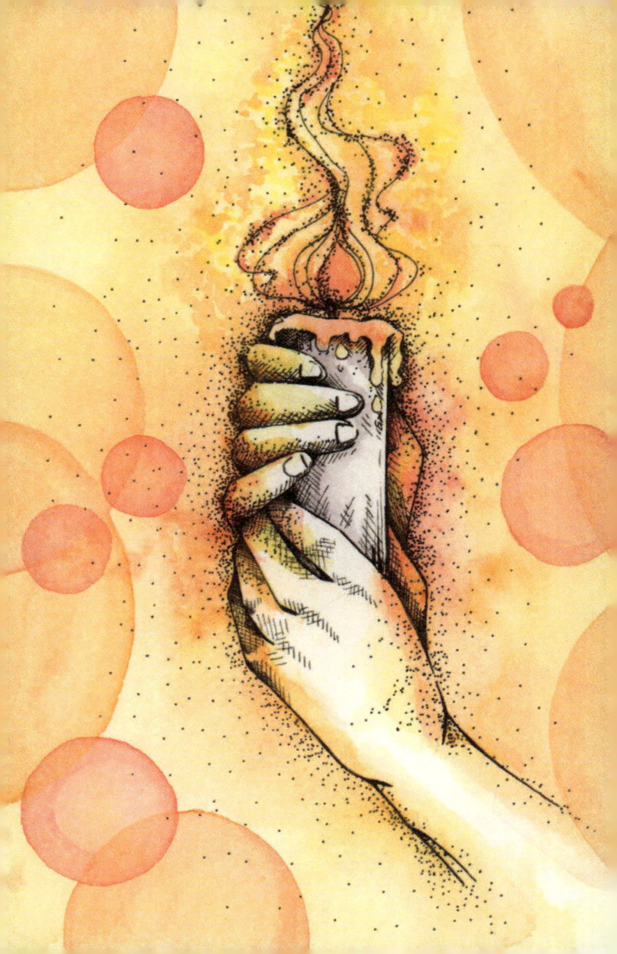

36

Les voeux karmiques

Lors de nos vies antérieures, nous avons pu être amené·e·s à poser un vœu, en fonction de la vie que nous souhaitions mener ou des épreuves traversées. Face à la trahison, on peut décider de ne plus jamais aimer. En entrant dans les rangs de l'Église, on peut choisir de vivre dans le silence. C'est ce que l'on appelle des vœux karmiques. Il y a sept grands vœux qui sont associés chacun à un chakra: pauvreté (racine), chasteté (sacré), sacrifice (plexus solaire), célibat (cœur), silence (gorge), souffrance (3e œil), obéissance (couronne).

EN ÉQUILIBRE

Je ne me sens ni bloqué·e ni entravé·e dans ces sept grands axes de ma vie : les finances, la sexualité, l'amour de soi, les relations amoureuses, la communication, le bien-être, le pouvoir personnel.

EN DÉSÉQUILIBRE

Je peux faire face à un ou plusieurs challenges récurrents dans ma vie : la pauvreté, les dysfonctionnements sexuels, le besoin de me sacrifier pour les autres, le sabotage de mes relations personnelles et amoureuses, l'incapacité à m'exprimer, les comportements autodestructeurs ou le fait de remettre aux autres mon pouvoir ou ma volonté.

Les soins recommandés

1. Nettoyage profond à la flamme violette pour transmuter les mémoires de ces vœux et libérer le karma.
2. Ouverture du chakra associé au vœu actif.

37

Les liens karmiques

Un lien karmique est une attache énergétique qui se crée entre deux personnes dans une vie antérieure. Les liens karmiques sont donc la somme de toutes les attaches que l'on a développées au cours de nos vies antérieures. Ils peuvent avoir une incidence dans notre incarnation actuelle et s'activer en fonction de nos rencontres (ou plutôt retrouvailles karmiques). Un lien karmique attache et retient. Il se crée généralement dans une situation injuste, dure ou traumatisante.

EN ÉQUILIBRE

Je me sens bien et serein·e dans mes relations aux autres et à moi-même. Mes relations avec les autres sont saines. Je suis indépendant·e et autonome face aux personnes qui m'entourent. Je ne suis redevable qu'à moi-même.

EN DÉSÉQUILIBRE

J'ai des réactions incompréhensibles face à une personne en particulier. Soit je lui en veux (sans savoir vraiment pourquoi) et je deviens injuste, soit je m'en méfie comme de la peste sans aucune raison apparente. Je peux être dans une relation de dépendance affective, voire toxique, sans arriver à m'en défaire. Je suis toujours ramené·e, d'une façon ou d'une autre, auprès de cette personne (peu importe notre lien relationnel).

Les soins recommandés

1. Coupe des liens karmiques qui entravent le cheminement de l'âme.
2. Nettoyage à la flamme violette pour transmuter ces liens et élever l'énergie lorsque les liens sont intenses et profonds.
3. Densification de l'aura pour activer l'enveloppe naturelle de protection.

38

Les attaches énergétiques

Une attache énergétique est un lien qui se crée entre deux personnes. Les attaches énergétiques sont donc la somme de tous les liens qui nous attachent à des personnes (et parfois à des lieux). Ces liens peuvent être toxiques, nocifs ou neutres. Ils peuvent également être actifs ou passifs. Dans tous les cas, ils attachent et peuvent nous entraver dans notre évolution d'une manière plus ou moins marquée. Il y a bien sûr le lien d'amour d'un parent pour son enfant. Pour autant, quand on parle de « couper le cordon », c'est que la liberté et l'autonomie doivent primer sur le lien énergétique. L'amour ne doit pas attacher mais relier.

EN ÉQUILIBRE

Je me sens bien et serein·e dans mes relations aux autres et à moi-même. Mes relations avec les autres sont saines. Je suis indépendant·e et autonome face aux personnes qui m'entourent. J'ai réglé mes dettes énergétiques et je ne suis redevable qu'à moi-même.

EN DÉSÉQUILIBRE

Je suis dépendant·e affectivement d'une personne, et même si je souffre, je n'arrive pas à m'en séparer. Une ou plusieurs de mes relations ne sont pas équilibrées et une certaine injustice s'installe. J'ai du mal à laisser mon enfant prendre son envol et son autonomie. J'ai une ou plusieurs dettes énergétiques : je prends sans donner en retour (gratitude, amour, argent).

Le soin recommandé

Coupe des attaches
avec la ou les personnes concernées
pour que chacune retrouve son équilibre
énergétique, son autonomie
et sa liberté de cheminer.

39

Le vampirisme énergétique

Toutes les rencontres impliquent un échange énergétique. Lors d'un vampirisme énergétique, une personne se nourrit de l'énergie d'une autre au cours d'une rencontre. La première aura fait le plein d'énergie et l'autre en aura été vidée. Le vampire énergétique pourra faire cela inconsciemment (ce qui dénote généralement un mal-être) ou consciemment (ce qui démontre un fond manipulateur). Le vampire énergétique est bien souvent une personne de notre entourage proche. Il peut aussi être une entité, mais pour cette carte il s'agira d'une personne car les entités ont leur carte dédiée.

EN ÉQUILIBRE

Mes échanges et rencontres avec mon entourage se passent bien. Je me sens bien et en pleine forme en présence d'autres personnes : ni vidé·e d'énergie, ni reboosté·e.

EN DÉSÉQUILIBRE

Je me sens vidé·e de toutes parts en présence d'une personne en particulier, comme si on avait aspiré mes pensées, mes émotions, ma motivation et ma force vitale. Je me sens faible et mes forces psychiques et physiques sont diminuées. Il peut m'arriver de me sentir complètement inutile ou d'avoir besoin de me remplir de nourriture pour combler le vide.

Les soins recommandés

1. Un rééquilibrage énergétique pour solidifier la structure énergétique et recharger les batteries.
2. Densification de l'aura à l'extrême pour booster les défenses naturelles et renforcer l'enveloppe énergétique du ou de la consultant·e.

40

Les entités

Les entités (aussi appelées défunts) sont les âmes errantes qui s'accrochent, pour une raison ou une autre, à leur incarnation qui a pris fin à la mort de leur corps physique. Elles errent dans notre monde sans qu'on les voie plutôt que de continuer leur chemin d'âme et de rejoindre le monde d'en haut. Il est fréquent que les entités n'aient pas conscience d'être des âmes errantes sans enveloppe physique. Elles sont attirées et s'agrippent à des vibrations énergétiques similaires quitte à s'en nourrir (vampirisme). Elles vont alors amplifier ces énergies et ces émotions (par exemple, la dépression) mais ne peuvent en aucun cas créer ni générer des énergies qui n'existent pas au départ.

EN ÉQUILIBRE

Mon énergie est assez dense et mon aura assez imperméable pour que je ne sois pas dérangé·e par les âmes errantes qui m'entourent ou que je croise chaque jour. Je peux être amené·e à les voir ou à les sentir sans qu'elles soient un problème dans mon quotidien ou à un niveau énergétique.

EN DÉSÉQUILIBRE

Je me sens dérangé·e dans mes rêves, comme s'ils ne m'appartenaient pas. J'ai parfois l'impression de ne pas être seul·e, comme si je sentais une présence. J'aperçois par moments une forme humaine trouble. J'ai des flashs d'une personne qui me viennent en pensée. Je ressens une fatigue inhabituelle et persistante. Et j'ai quelquefois la sensation d'être à côté de la plaque.

Les soins recommandés

1. Un alignement énergétique des corps physique et énergétique pour faire sortir l'entité qui s'est collée dans le corps énergétique ou l'aura.
2. Soin aurique et densification de l'aura pour combler les brèches et les trous, la rendre imperméable et renforcer son rôle de bouclier énergétique.

41

Les formes-pensées

Les formes-pensées sont comme des entités, des sortes de parasites énergétiques créés et animés par le processus de la pensée. Elles sont généralement faibles et éphémères. Il y a des formes-pensées positives, mais ce sont bien souvent les négatives qui, par leur force et leur ténacité, viennent se coller sur le corps (et ses corps subtils) pour accentuer les émotions, les réactions et les blocages vécus par une personne. Elles peuvent même agir comme un sortilège lorsque la forme-pensée est puissante, répétitive ou bien qu'elle émane de plusieurs personnes à la fois.

EN ÉQUILIBRE

Je me sens bien, mes émotions et réactions sont stables et normales. Je peux me sentir aimé·e, entouré·e, respecté·e par mes pairs et/ou mon entourage. Je me sens alors porté·e et boosté·e par cette énergie qui semble m'entourer.

EN DÉSÉQUILIBRE

J'ai du mal à contrôler mes états émotionnels ou mes réactions. C'est comme si une force invisible me poussait à réagir vivement. J'ai l'impression que certaines choses dans ma vie bloquent et n'aboutissent pas. Malgré mes efforts et ma bonne volonté, tout ce que j'essaie de mettre en place tombe à l'eau. J'ai parfois l'impression que l'Univers m'en veut ou que je suis un chat noir tellement je semble manquer de chance.

Les soins recommandés

1. Un alignement énergétique des corps physique et énergétique pour décoller les formes-pensées accrochées aux corps ou à l'aura.
2. Soin aurique et densification de l'aura pour combler les brèches ou les trous, la rendre imperméable et renforcer son rôle de bouclier énergétique.

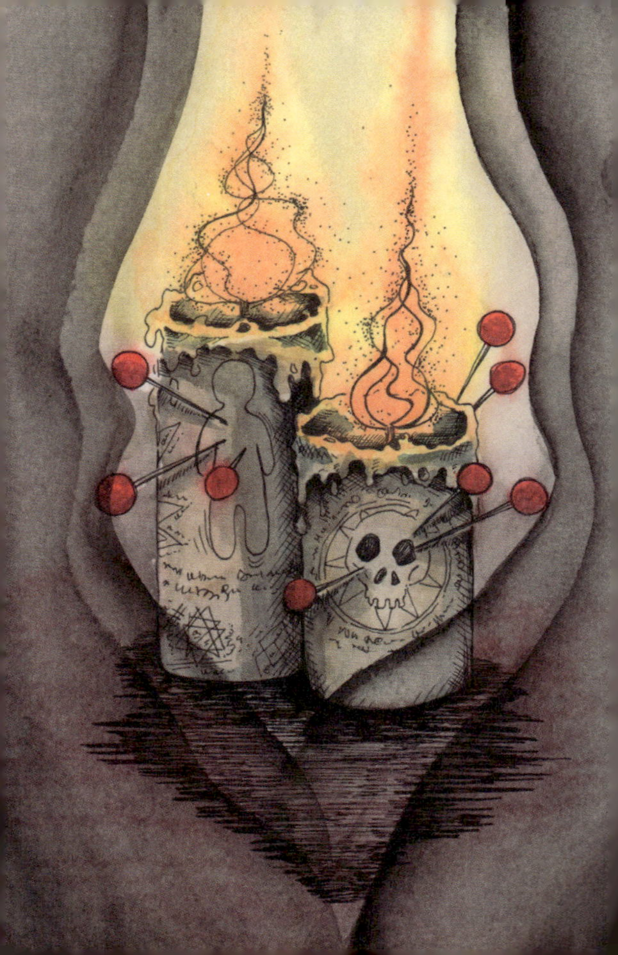

42

La magie noire

La magie noire est une pratique occulte qui consiste à nuire à quelqu'un à travers l'utilisation de parasites, d'entités, de sortilèges, d'implants et autres joyeusetés. L'objectif est généralement égoïste (par exemple, bénéfice personnel), de faire du mal (par exemple, infliger des sévices physiques) ou de bloquer une personne dans son développement (par exemple, amoindrir les capacités extrasensorielles). La magie noire est utilisée dans le monde entier depuis la nuit des temps. Les pratiques diffèrent selon les traditions, les origines et les croyances du ou de la sorcier·ère, et du ou de la pratiquant·e. La magie noire est souvent utilisée par jalousie, par colère ou par convoitise. Les effets sur la personne visée sont divers et variés selon les sortilèges utilisés et leur puissance.

EN ÉQUILIBRE

Je suis aligné·e, mon énergie circule bien dans tout mon corps, dans mes corps subtils ainsi que dans mon aura. Même si quelqu'un tente de m'atteindre avec un sort de magie noire, je suis protégé·e par mon alignement énergétique ainsi que par mon aura dense et imperméable.

EN DÉSÉQUILIBRE

Je peux ressentir de vives douleurs dans mon corps (entraves physiques) mais aussi comme un déséquilibre dans mes pensées et mon optimisme (entraves psychiques). Je peux me sentir étouffé·e ou éprouver une douleur vive à un endroit précis (par exemple, comme un pieu dans le dos). Il ne m'arrive que des problèmes et je fais face à de nombreux blocages. J'enchaîne les déconvenues et les malheurs s'accumulent. J'ai la sensation d'être persécuté·e, comme si le sort s'acharnait contre moi.

Les soins recommandés

1. Un soin énergétique complet, avec un alignement énergétique des corps, un rééquilibrage énergétique et un soin aurique.
2. Une levée de sort pour enlever et défaire ce qui a été fait/envoyé.
3. Une densification de l'aura pour activer le bouclier énergétique naturel.

43

L'énergie d'un lieu

Tout ce qui nous entoure est constitué de matière et d'énergie. Les lieux dans lesquels on vit ou par lesquels on transite sont des endroits chargés d'énergie. L'énergie peut y être dense, intense et négative, ce qui rend ces lieux difficiles à vivre, surtout quand il s'agit de notre lieu de vie (ou même de travail). Les énergies d'un lieu peuvent être dysfonctionnelles à cause de la présence d'âmes errantes, de mémoires emmagasinées dans les murs (par exemple, la violence, la mort), des mémoires de la terre (par exemple, un champ de bataille) ou des énergies telluriques (par exemple, un cours d'eau souterrain).

EN ÉQUILIBRE

Je me sens serein·e et en sécurité dans mon lieu de vie. Ses énergies sont en accord avec les miennes et il y fait bon vivre. Mon lieu de vie est comme un cocon dans lequel je me sens bien.

EN DÉSÉQUILIBRE

J'ai du mal à dormir (ou à travailler, selon le lieu). Je ne m'y sens pas en sécurité. Les murs m'étouffent et m'enferment, je me sens à l'étroit. Il m'est difficile de me concentrer. Il m'arrive de faire des rêves étranges mais tellement réalistes, qui se passent dans ce lieu et avec des personnes que je ne connais pas. J'ai la sensation de ne pas être seul·e et parfois c'est comme si on me touchait le bras.

Le soin recommandé

Un nettoyage énergétique profond du lieu pour rééquilibrer et élever les énergies.

Les cartes d'aide

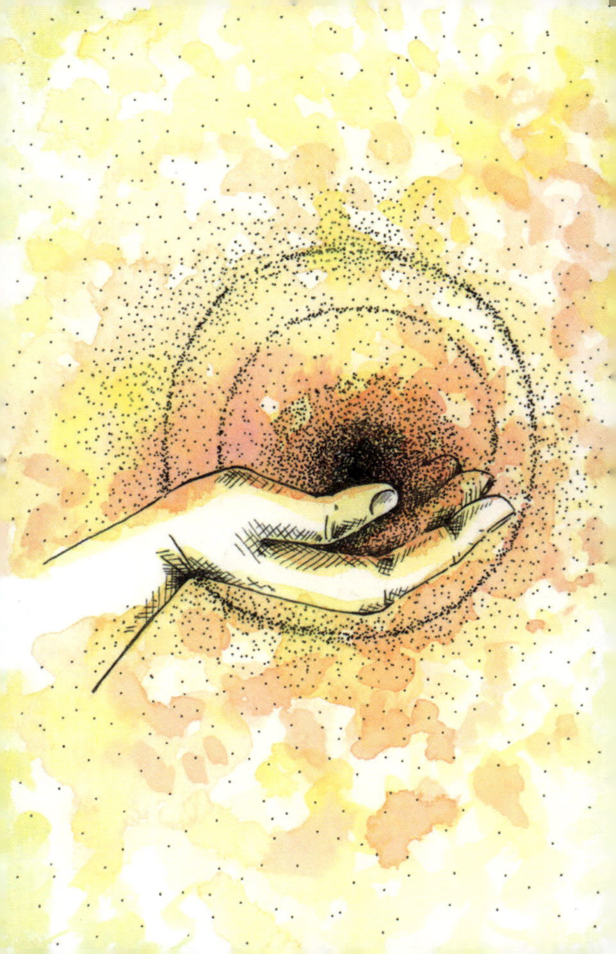

1

Le soin énergétique

Le soin énergétique suffit à régler la problématique rencontrée. Il y a présentement un grand besoin de rééquilibrer, rétablir et élever les énergies, que celles-ci soient les tiennes, celles d'une personne qui te consulte ou celles d'un lieu.

La solution est énergétique !

2

La méditation

La méditation est une alliée de taille pour ralentir le rythme cardiaque, pour calmer les états émotionnels, pour apaiser les pensées incessantes et pour se connecter à son âme.

Elle est souvent négligée mais nécessaire pour soutenir ton soin aujourd'hui.

Comment débuter : cinq minutes par jour de respiration consciente les yeux fermés (pendant vingt et un jours).

3

La fumigation

La fumigation est un procédé ancestral et traditionnel, et celui dont tu as besoin aujourd'hui.

Fais brûler de l'encens, du palo santo, du copal ou même un bâton de fumigation fait maison. Les énergies ont besoin d'être élevées de manière physique : l'air qui t'entoure a besoin de se charger en ions négatifs pour se purifier de ses ondes négatives.

Lors de ta fumigation, pense à invoquer le soutien de l'élément feu et de l'élément air.

4

Le pendule

Utilise ton pendule (ou un fil et une aiguille) pour sonder les déséquilibres énergétiques et aller plus loin dans ton diagnostic.

Il y a quelque chose qui n'a pas encore été révélé et qui a besoin d'être mis au jour pour que ton soin soit complet.

En cas de doute, place le pendule au-dessus de la personne (ou du lieu) à qui tu fais un soin, ferme les yeux et laisse-le agir. Quand il aura fini sa danse, le soin sera complet.

5

Les cristaux

Pour compléter ton soin, fais appel à la vibration des cristaux.

Laisse-toi appeler par leur couleur et leur vibration. Ressens à l'intérieur de toi la ou les pierres qui t'appellent. Laisse-les t'indiquer là où elles nécessitent d'être placées pour compléter le travail que tu vas ou que tu viens d'effectuer.

6

Les anges et déités

Le monde d'en haut te soutient dans ta pratique et tes soins.

Les anges, archanges, maîtres ascensionnés et déités se tiennent à ta disposition pour t'accompagner et soutenir ton soin. Ils t'envoient ce signe pour t'indiquer que leur aide est nécessaire aujourd'hui. Ils sont là et n'attendent que ton invocation pour agir à tes côtés.

7

Les guides spirituels

Aujourd'hui, tu as besoin de faire appel à tes guides spirituels (ou bien à ceux de ton ou ta consultant·e) pour te guider et t'accompagner dans le soin énergétique que tu entreprends.

Ferme les yeux. Invoque-les : « J'invoque et je demande l'aide de mes guides spirituels et des guides de mon·ma consultant·e pour... » Ressens et écoute en toi ce qui se présente : les pensées, les images, les émotions, les ressentis ou même les couleurs.

Ce sont autant de signes pour te guider !

8

L'esprit animal

Invoque ton animal totem ou tes animaux de pouvoir comme alliés pour renforcer l'action énergétique de ton soin. Leur sagesse et leur intelligence te sont nécessaires. Elles t'apporteront une vision et une clarté dont tu manques.

Tu peux également faire appel à l'animal totem (ou aux animaux de pouvoir) de ton ou ta consultant·e afin de l'accompagner dans sa guérison aujourd'hui et pour les vingt et un jours à venir.

Si ces animaux ne se sont pas encore présentés ou que le concept reste flou, tu peux t'aider d'un oracle dédié aux animaux et à leur esprit.

9

Le tambour chamanique

La profondeur des battements du tambour a besoin de résonner pour nettoyer les racines, les mémoires cellulaires et tous les bagages portés par ton ou ta consultant·e (ou par toi-même).

Prends ton tambour en main si tu en possèdes un et laisse-toi porter par les battements qui viendront naturellement.

Si tu n'as pas de tambour, tu peux chercher, sur une plate-forme de streaming par exemple, une bande sonore avec les battements d'un ou plusieurs tambours chamaniques et laisser leur magie opérer.

10

La sonothérapie

Le son sera très utile pour compléter ton soin. La vibration du son de tes instruments et/ou de ta voix sera transportée à travers l'eau du corps de ton ou ta consultant·e (ou du tien). Pour rappel, le corps humain est constitué en moyenne à 60 % d'eau. Cette eau (que porte le corps) sera nettoyée et purifiée par la vibration du son.

Grâce à la sonothérapie, tu vas augmenter ta vibration énergétique ou celle de cette personne.

Commence par un *Om chanting* pour ressentir les effets de la vibration de ta voix dans tout ton corps et dans ton cœur. Ferme les yeux pour plus d'effet.

pca
cmb
édition pré-presse
livres numériques

44400 Rezé